L'ASSASSINAT

DE

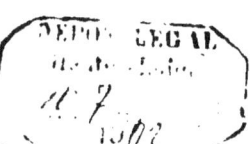

RASTATT

ET SON DERNIER HISTORIEN

PAR

ROD. REUSS

(EXTRAIT DE LA *Revue critique d'histoire et de littérature*.)

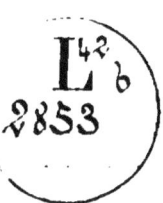

PARIS
ERNEST LEROUX, ÉDITEUR
28, RUE BONAPARTE, 28

1902

Ib 42
2853

L'ASSASSINAT

DE

RASTATT

ET SON DERNIER HISTORIEN

PAR

ROD. REUSS

(Extrait de la *Revue critique d'histoire et de littérature.*)

PARIS
ERNEST LEROUX, ÉDITEUR
28, rue bonaparte, 28

1902

L'ASSASSINAT DE RASTATT [1]

ET

SON DERNIER HISTORIEN

Cent ans après l'événement tragique de la nuit du 28 avril 1799, la question, si controversée, des motifs qui amenèrent l'assassinat de Roberjot et de Bonnier, reste en apparence aussi obscure qu'elle a pu le paraître au lendemain même de l'attentat. On pourrait même dire que les passions politiques et nationales aidant, elle s'est embrouillée davantage à mesure que des historiens de tous les pays, intéressés ou non, en ont fait le sujet de monographies spéciales. Dans cette mêlée, les représentants de la science historique dans notre propre pays ont été jusqu'ici fort peu nombreux, tandis que les écrivains allemands, amis ou adversaires de l'Autriche, ont fourni un contingent formidable de travaux et offert successivement au public les solutions les plus divergentes et les plus contradictoires. Des savants de premier ordre, des érudits consciencieux se sont consacrés avec zèle et passion à la recherche de documents nouveaux, à la discussion des témoignages contemporains et ceux qui s'occupent de cette période de notre histoire connaissent, au moins de nom, les études et même les volumes consacrés à *l'assassinat de Rastatt* par Sybel et par Hüffer, Helfert et Mendelssohn-Bartholdy, Vivenot et Boethlingk, Reichlin-Meldegg et Weber, Obser et bien d'autres [2] encore. Il n'est

---

[1]. Capitaine Oscar CHRISTE. *Rastatt. L'assassinat des ministres français le 28 avril 1799*, d'après les documents inédits des Archives de Vienne, traduit de l'allemand par un ancien officier supérieur. Paris, R. Chapelot et Comp., 1900, IX, 445 p., in-8°. Cartes.

[2]. M. Christe a consacré son onzième et dernier chapitre aux historiens de l'assassinat de Rastatt; on y trouvera une bibliographie qui n'est pas absolument complète, mais qui ne néglige, semble-t-il, aucun travail vraiment important; les différents auteurs y sont naturellement mieux ou plus mal traités dans la mesure où ils sont hostiles ou favorables à la manière de voir de l'auteur.

presque pas de personnage, ayant joué un rôle au Congrès des puissances, qui n'ait été traduit tour à tour devant le tribunal de l'histoire et chargé de ce crime : l'Autriche, le prince Charles et ses subordonnés, le Directoire, ses délégués, Bonaparte ou Jean Debry, les émigrés, l'Angleterre, le comte Lehrbach, la reine Caroline de Naples, accusations d'autant plus faciles à soutenir que les dossiers principaux de l'affaire avaient depuis longtemps disparu des Archives secrètes de Vienne. Ceux qui ne voulaient point se contenter de suppositions plus ou moins fondées, de présomptions sans preuves certaines, avaient été d'avis de « classer » l'affaire et n'attendaient plus que du hasard la découverte de documents nouveaux qui vinssent apporter « un peu plus de lumière ».

Ces documents, les avons-nous aujourd'hui, dans le volume de M. le capitaine Christe, dont un officier supérieur, resté anonyme, vient de publier une traduction française [1] ? On ne saurait s'étonner que ce soit un militaire autrichien qui vienne tenter un nouvel et très sérieux effort pour débrouiller l'énigme ; il est incontestable, en effet, que, malgré de nombreuses protestations et réfutations antérieures, la majeure partie de l'opinion publique, tant en France qu'au dehors, continue à faire peser ses soupçons sur l'armée des Habsbourg, soit qu'on fasse remonter l'accusation jusqu'au généralissime, soit qu'on se contente d'inculper l'un ou l'autre de ses inférieurs. M. Christe a voulu en avoir le cœur net et a repris l'enquête minutieuse, si souvent déjà commencée sans aboutir à un résultat décisif, accepté par tous. Il a obtenu la permission de fouiller à nouveau les cartons du Ministère de la guerre et des Archives secrètes à Vienne, d'y lever le scellé de certaines pièces, dites secrètes, et c'est de ces recherches persévérantes et partiellement couronnées de succès qu'est sorti le présent volume.

Nous commencerons par dire que si M. C. est un travailleur très consciencieux, c'est également un écrivain de talent qui développe une finesse de psychologue et une verve de logicien qu'on n'attend pas précisément chez un auteur militaire [2] ; nous ajouterons que sa sincérité nous paraît entière et complète, encore que ce soit une de ces sincérités subjectives qui ne voit et conçoit que son argumentation propre et non pas toujours celle de l'adversaire ; son travail a bien

---

[1]. Le traducteur n'a fait qu'ajouter çà et là, au bas des pages, quelques notices biographiques et quelques indications renvoyant à des travaux ou à des textes français.

[2]. Je serais presque tenté de dire, *trop* de finesse psychologique et *trop* de verve dans son style ; par moments, on ne peut se défendre d'une légère impatience en présence de certains effets, qui sentent l'avocat plaidant plus que le militaire.

évidemment aussi épuisé les fonds d'archives, en tant qu'ils existaient encore dans les dépôts autrichiens ; à tous ces titres, le *Rastatt* de M. C. a droit à l'attention de la critique et du grand public, auquel il offre le récit le plus complet, comme le plus récent d'un épisode qui n'a point cessé de passionner les curieux. Cela ne veut pas dire d'ailleurs que son argumentation nous ait convaincus ni surtout que nous jugions le débat clos par la publication de son livre. L'incontestable talent déployé par l'auteur ne nous a que mieux fait toucher du doigt certaines invraisemblances de sa thèse (l'innocence absolue des hussards autrichiens) et le peu de créance que méritent ses insinuations indirectes contre Jean Debry, comme auteur ou complice de l'assassinat.

Après nous avoir parlé brièvement de l'activité du Congrès de Rastatt jusqu'à la bataille de Stockach et nous avoir retracé le tableau sommaire du personnel qui s'y trouvait réuni, M. C. entre en plein dans son sujet, au second chapitre, qui traite des opérations militaires du feldmaréchal-lieutenant Kospoth, et des événements afférents, du 26 mars au 28 avril 1799. Nous y signalons tout d'abord des pièces intéressantes nouvelles sur l'expulsion des envoyés français, Alquier, à Munich et Trouvé à Stuttgart, mais surtout quelques documents, qualifiés jusqu'ici de secrets, empruntés à la correspondance de l'état major autrichien. Nous y voyons le major général Goerger déclarer, le 19 avril, avoir invité Barbaczy « à traiter en ennemis les étrangers qui essaieraient de nous résister ». Ce même jour, M. de Merveldt écrit qu'il a fait savoir à Barbaczy (au cas d'un choc avec les Badois), que « tout incident devait être, le cas échéant, considéré comme un malentendu », ordre facilement applicable, dans la suite, à tout autre incident analogue. Le 20 avril, Kospoth adresse à Merveldt la lettre suivante : « L'affaire doit être engagée et conduite de façon à ce que l'on soit obligé de la considérer comme un malentendu.... Votre Excellence devra donc recommander à ceux qui sont au courant de la chose, de garder à ce sujet le secret le plus absolu, qui leur est imposé... par le soin de leur réputation [1]. » — Qu'était-ce que cette affaire secrète, agencée dès le 20 avril ? M. C. se hâte un peu trop, à notre avis, de s'écrier : « Ces pièces rendent *tout commentaire superflu* ; elles *prouvent d'une façon évidente* qu'il s'agissait *uniquement* de mettre la main sur les archives de la légation française [2]. » A partir du 19 avril, en tout cas, les hussards de Barbaczy se mettent à arrêter tous les diplomates qui se promènent dans les environs de Rastatt, en employant, il est vrai, des « procédés d'une politesse

---

[1]. Christe, pp. 54-56.
[2]. C'est nous qui soulignons certains mots, ici et dans la suite de notre article.

exquise »; et, sans tenir compte de leurs réclamations, ils enlèvent doucement et tranquillement portefeuilles et papiers à ceux d'entre eux qui en portaient sur eux [1]. Le 23 avril, Barbaczy écrivait à Goerger (pièce secrète nouvelle) : « Les Français ont reçu, paraît-il, l'ordre de rester. Il ne reste plus qu'à attendre les événements. J'envoie à dessein aujourd'hui une patrouille vers Rastatt pour les endormir *et afin d'avoir plus de chance d'arriver au résultat désiré*, ce dont je doute fort, du reste » (p. 64). Et le *28 avril*, l'archiduc Charles écrivait de son côté à Kospoth : « Le colonel (Barbaczy) peut répondre aux questions qui lui seraient éventuellement posées, *que l'ambassade française peut quitter Rastatt sans rien avoir à craindre et rentrer en France en toute sécurité.* » Il ajoute qu'on devra « chercher à s'emparer des paquets » de leur correspondance et les envoyer au quartier général. C'est donc bien entendu ; le généralissime autrichien en veut tout au moins à la correspondance diplomatique des plénipotentiaires français.

Or, avant même que la lettre de l'archiduc fût expédiée à son adresse, dans la matinée du 28, le colonel, par un ordre daté de Gernsbach, et porté par le lieutenant Ruziczka, notifiait aux ministres « qu'ils avaient à quitter le territoire de l'armée *dans les vingt-quatre heures* » et cet ordre d'expulsion était reçu par *eux au cours de la journée du 28. Presque à la même heure*, le capitaine Burckhardt déclarait au ministre danois Rosenkrantz, qu'il avait donné l'ordre formel à tous ses postes de ne laisser sortir *personne* de toute la nuit et que par suite, si sa voiture se présentait à l'une des portes de la ville, il la ferait dételer (p. 78). Notons bien cette parole et cette attitude du sous-ordre de Barbaczy à ce moment précis. « Quelques instants après », ce même capitaine donne néanmoins « l'ordre de laisser passer *les ministres français et leur suite* » tout en rejetant la requête des ministres allemands qui réclamaient une escorte pour leurs collègues [2]. Vers dix heures du soir, le cortège des six voitures qui contiennent ces derniers et leur suite, se met en mouvement, vers l'endroit, tout proche, où va se perpétrer l'assassinat.

---

1. Cela n'empêchait pas le « loyal » Barbaczy de mentir le lendemain au baron de Münch, en affirmant qu'on ne lui avait point prescrit de faire enlever ces correspondances et en lui exprimant ses regrets de l'incident de la veille. Détail assez curieux ! ce sont précisément les lettres échangées entre Goerger et Barbaczy à ce sujet qui n'ont pu être retrouvées (p. 62).

2. Plus tard, quand son système d'explications l'exige, M. C. insiste beaucoup (p. 192) sur « les efforts » faits par Burckhardt pour retenir les Français qui s'obstinent à partir ; il n'en a fait aucun *à leur égard* ; il a refusé *aux autres ministres étrangers* la sortie de la ville ; quant à Bonnier et à ses collègues, il les a tranquillement laissés aller à la mort.

C'est de l'acte même que s'occupe le troisième chapitre, où l'auteur examine les « déclarations de l'ambassade française et les premiers bruits relatifs à l'attentat ». Il commence par nous donner les dépositions de Jean Debry, en appuyant, avec une intention évidente, sur les variantes et les contradictions qu'il croit y remarquer [1]. Puis il analyse le récit de Vincent Laublin, le domestique de Bonnier et la déposition de Sigrist, cocher de Debry. Tous deux racontent qu'ils ont été entourés par des hussards, qui ont crié : « Sortir de voiture, vite ! » et « Halte ! » en *allemand* et qu'un officier a donné l'ordre en allemand, de « hacher ces coquins de patriotes ». Il a beau jeu de mettre ces dépositions en opposition avec celle du ministre survivant qui a dit que les soldats parlaient *français* et qui, une autre fois, accentue même leur mauvaise prononciation française, alors que Sigrist affirme que pas un seul des soldats n'avait parlé le français et que Mlle Debry (qui ne sait ni le magyar ni l'allemand) croit qu'ils parlaient hongrois. On peut, ce me semble, avoir plus de confiance en ces témoins subalternes, qui n'étaient pas inquiets pour leur propre compte, tandis que Debry devait être singulièrement troublé par le danger de mort évident qui le menaçait. M. C. en se moquant de ses terreurs et en détaillant ses exagérations, se laisse entraîner à des exagérations en sens contraire, qui montrent combien il est prévenu [2]. Il veut montrer que Debry ne mérite aucune créance puisqu'il dit avoir vu des « corps dépouillés » et une *foule* d'assaillants; mais M. C. accorde lui-même qu'on avait enlevé ses bottes à Roberjot et ses culottes ainsi que son habit à Bonnier (p. 94). D'autres que lui (par exemple le secrétaire Belin) ont vu de « nombreux hussards » à l'œuvre ; quelques-uns ont assailli les voyageurs, soit à pied [3], soit à cheval, d'autres sont restés plus en arrière et ont pu être aperçus plus commodément par les cochers sur leur siège que par les personnes dans l'intérieur des voitures ; cela explique les divergences des témoins, sur le nombre d'assaillants que chacun

---

[1]. Il nous le montre successivement errant dans le bois, couché dans un fossé, grimpant sur un arbre (avec un bras blessé) et visiblement il veut inspirer au lecteur une défiance absolue pour ce témoin qu'il nous dépeint aussi grandiloquent que pusillanime. Nous nous bornerons à remarquer, pour le moment, que Debry a eu tout le temps de prendre *successivement* toutes ces attitudes diverses et de plus que le bois aux portes de Rastatt était vraiment assez vaste pour s'y cacher (on n'a qu'à regarder le plan joint à l'ouvrage) bien que l'auteur essaie de faire naître dans notre esprit la conviction contraire.

[2]. C'est ainsi qu'après avoir cité p. 91, le certificat médical constatant chez Debry, une assez forte estafilade, une blessure sans gravité et deux blessures insignifiantes, il affirme à la p. 93 : « Debry n'avait en réalité aucune blessure. »

[3]. Où seraient restés leurs chevaux ? demande un peu naïvement M. Ch. Rien de plus facile à expliquer, ce me semble ; pendant que les hommes chargés du massacre, opéraient, les autres hussards tenaient leurs montures par la bride.

d'eux a dit avoir vus, nombre qui varie, en effet, considérablement, de 6 à 15 ou même à 60. On peut croire, sans grand risque de se tromper, que la plupart des témoins de cette agression sauvage étaient troublés à des degrés divers ; il n'en est pas moins étonnant que l'auteur tire également parti de leur trouble et de leur sang-froid. S'ils ont eu peur, « on ne saurait attribuer la moindre valeur à leurs témoignages » ; s'ils font preuve de sang-froid, ce sont des menteurs [1]. Avec des procédés de ce genre on peut écarter tout témoignage gênant et M. C. ressemble un peu trop à ces juges d'instruction qui, par excès de zèle et par tradition professionnelle, veulent à toute force amener les témoins et les accusés à se couper dans leurs réponses. Tandis que la déposition du moindre soudard valaque doit être crue comme parole d'Évangile, les personnages officiels sont toujours suspects s'ils s'avisent d'incriminer qui que ce soit ; il faut voir comment on démolit le témoignage de Boccardi, le ministre de Ligurie, comme absolument sans valeur, d'autant que, là aussi, « son domestique paraît avoir eu à cœur d'éloigner au plus vite ses maîtres de la scène du crime » (p. 110) [2].

De toute son enquête, M. C. ne conserve en définitive que les faits suivants : six meurtriers, huit tout au plus [4], dont un seul à cheval, les autres à pied [3], portant *un seul* flambeau, immédiatement éteint (dans une « nuit exceptionnellement noire ! ») se sont présentés aux portières des voitures, ont appelé Roberjot et Bonnier, n'en voulant qu'à ces deux-là et nullement à Debry ni à quelque autre personne ; ils ont parlé français ou allemand, ou peut-être même les deux langues

---

1. L'auteur commence par déclarer (p. 106) que Rosenstiehl n'a point parlé des hussards de Szeckler, alors que sur cette même page il cite lui-même le passage où il les nomme. Mais il explique qu'il ne peut les avoir vus lui-même ; c'est son domestique qui le lui a dit, et ce domestique est naturellement un menteur ; on insinue même que c'était peut-être un complice, qui a fait se sauver son maître presque de force, pour qu'il ne puisse voir ce qui se passa en réalité. Pendant le même temps, celui de Bonnier retient le sien, pour qu'on puisse le massacrer plus à l'aise ! (p. 107). Ajoutons que le valet de chambre de Roberjot est aussi complice et apprécions la discrétion avec laquelle l'auteur déclare là-dessus : « Chacun peut se faire de la conduite des domestiques français l'idée qu'il voudra. » Le germe est semé dans l'esprit du lecteur, et l'on compte bien qu'il y lèvera de lui-même.

2. On rencontre parfois des équivoques presque enfantines. Ainsi Boccardi a vu *des* hussards galoper à travers champs *pendant qu'on assassinait les ministres*. M. C. se hâte d'en conclure que *les* hussards n'ont rien eu à faire avec l'assassinat (p. 110).

3. Ils n'auraient pas pu avancer en plus grand nombre à cause de l'étroitesse du chemin ; mais M. C. assure pourtant que les voitures ne tenaient que la moitié de la chaussée ; il me semble qu'on peut marcher en colonne, là où passeraient de front deux lourdes berlines de voyage.

4. Le sous-officier Konczack, dans une de ces fameuses dépositions dont nous parlerons tout à l'heure, a pourtant vu « *des gens* à pied et à cheval ».

(p. 113). Ils étaient *excessivement pressés*, et la consommation de l'attentat n'a pris que quelques instants ; or, par qui donc les hussards, si ç'avait été eux, pouvaient-ils redouter d'être découverts et gênés[1] ?. L'endroit aurait d'ailleurs été très mal choisi pour la perpétration d'un crime pareil ; « on s'étonne qu'aucun de ces nombreux hussards n'ait fait remarquer les inconvénients que présentait le choix de l'endroit »[2]. Mais — et voilà le *ceterum censeo* de l'auteur qui reparaît discrètement — l'emplacement était « admirablement choisi,... si les assassins ou tout au moins leurs complices faisaient partie de la suite de l'ambassade française ». Les assassins pouvaient « regagner sûrement et vivement Rastatt par des chemins qui leur étaient bien connus »[3].

A côté des témoignages français, il y en a d'autres ; il y a surtout ces diplomates prussiens, personnages superficiels et haineux, le comte Goertz, Dohm, et autres, qui ont été les principaux fauteurs des accusations calomnieuses portées contre les hussards de Barbaczy, alors que, déjà, le 11 mai 1799, le vice-chancelier Colloredo disait, en indiquant la vraie piste, que les auteurs des atrocités commises « étaient des personnages inconnus *qu'on a tout lieu de croire Français*[4] » (p. 141). D'autres diplomates n'ont pas songé davantage, au

---

1. On ne croirait pas, en voyant mettre en ligne cet argument, que l'auteur écrit à cette même page 116: « D'ailleurs, les hussards couraient, eux aussi, le risque d'être dérangés, même découverts ».
2. Il est au moins étrange qu'on ait besoin de rappeler à un officier que les soldats sous les armes, alors pas plus qu'aujourd'hui, n'étaient admis à présenter des observations de ce genre à leurs supérieurs.
3. Là-dessus répétition de tous les griefs qu'on peut articuler contre le récit de Debry ; il a essayé de faire croire que les assassins n'étaient pas Français, en disant qu'ils parlaient mal cette langue ; il a menti en disant qu'on lui en voulait, ce qui est faux (il a été blessé pourtant !) ; il lui a été « impossible de *déterminer exactement les lieux* où il passa la nuit (par une nuit noire comme un four et un violent orage, alors qu'il était affolé de terreur !) ; il a fourni des renseignements notoirement inexacts sur son retour à Rastatt. Sur ce point l'auteur accumule une profusion de déductions psychologiques pour établir que si Debry avait été réellement attaqué par des hussards, il n'aurait jamais osé se présenter aux portes de la ville où stationnaient quelques-uns d'entre eux ; c'est « matériellement impossible (!) ». On peut pourtant objecter à bon droit qu'il y a quelque différence entre un massacre nocturne et un assassinat en plein jour, quand on fuit les responsabilités ; que par ces portes entraient alors et sortaient des témoins possibles, bourgeois et paysans ; qu'enfin — puisqu'aussi bien l'on tient tant à la psychologie — il est un état d'esprit pour les gens moralement et physiquement exténués, où tout leur devient égal, même un danger mortel, pourvu que cela finisse !
4. En admettant même que des troupes formées d'émigrés (il y en avait plusieurs régiments à la solde de l'Autriche) aient opéré l'acte même, la mise en scène pouvait être arrangée avec Barbaczy, dont les hussards Szeckler *laissaient faire d'abord*, puis arrivaient en sauveurs, un peu brutaux ; cela expliquerait certaines différences d'attitude relevées par les témoins, sans rien changer au fond de l'affaire.

premier moment, à ces pauvres hussards; M. d'Edelsheim écrivait à son maître, le margrave de Bade, le 29 avril, de grand matin, avant le retour de Debry, mais quand déjà Rosenstiehl et Boccardi étaient revenus, que les assaillants étaient « une troupe de cavaliers ». C'est plus tard seulement, et, « tout permet de le croire, par ordre » qu'ils les ont incriminés (p. 149). La façon dont a été établi le *Rapport authentique* des ministres étrangers, lui enlève d'ailleurs toute importance véritable. Il est certain (pourquoi ?) que le 29 avril, comme le 28, on ignorait absolument quels étaient les auteurs du crime ; Goertz est jugé par l'aplomb avec lequel il prétend le contraire, le soir même. Les pièces annexes au *Rapport*, par exemple la déclaration de Zabern, ne sont qu'un « fatras d'anecdotes absurdes et insensées »[1].

M. C. veut bien admettre pourtant que « les sauvages Szecklers » aient « fouillé dans quelques poches » ou « trouvé par terre, sur la route, une montre ayant appartenu à l'une des victimes ». Il se peut même « qu'un soldat ait vendu à certaines personnes un objet quelconque venu de cette façon en sa possession » (p. 156)[2]. Mais « c'est précisément parce que les hussards se savaient innocents du meurtre qu'ils ont vendu ouvertement un bien mal acquis. Conclure de ce fait qu'ils sont les assassins, « c'est se moquer de la logique ! » D'ailleurs, « que faisait la police badoise », si cette accusation avait eu le moindre fondement[3] ?

On n'a pas besoin, fort heureusement, de se mettre si mal avec la logique pour concevoir de graves soupçons, qui furent formulés dès la première heure. M. C. est bien obligé de concéder que les hussards furent dénoncés immédiatement après l'attentat, *avant que Debry fût rentré à Rastatt* (p. 169); il est donc absurde de le désigner comme l'inventeur de cette calomnie. Les représentants des puissances ne se seraient pas rendus tout de suite chez le capitaine Burckhardt, chef de ces hussards, si leur nom n'avait été prononcé dès que la nouvelle de l'attentat parvint à leurs oreilles. Et dans son trouble (ne sachant encore ce qu'il devait dire et n'osant donc mentir), Burckhardt ne songe pas à nier. « C'est un malheureux malentendu ; sans contredit,

---

1. La déclaration de Zabern n'a rien de si « insensé » pourvu qu'on l'interprète simplement et qu'on ne lui fasse pas dire des absurdités, comme celle d'un colonel à cheval devant sa troupe, proclamant d'une voix éclatante : Soldats, vous allez massacrer les ministres français de Rastatt ! (p. 157). Il n'y a rien de pareil dans le récit du brave batelier strasbourgeois.

2. Cela n'empêche nullement que ces hussards ne soient « des soldats bien disciplinés et non des pillards » (p. 168).

3. Il me semble que la réponse est bien simple; elle avait peur aussi, — non sans cause — des « sauvages Szecklers » et tâchait de ne point s'attirer à son tour des horions mortels.

les patrouilles rôdent aux environs pendant la nuit et un pareil malheur peut facilement arriver ; les ministres français n'auraient pas dû partir la nuit. » Puis il se fâche, pour n'avoir pas à s'expliquer davantage : « Voulez-vous établir contre moi une inquisition ?[1] » — Et Barbaczy, de son côté, écrit dès le 29 avril, *à un moment où il n'est pas encore question de ses hussards* dans la lettre des ministres allemands : « Je ferai arrêter sur-le-champ les scélérats que je dois malheureusement me convaincre avec la plus grande affliction *avoir eu sous mon commandement*, pour la première fois de ma vie » (p. 164)[2]. — C'est plus tard seulement, devant le fameux tribunal de Villingen que les rôles sont assignés, étudiés et les déclarations ultimes arrêtées. Sans doute, « une déposition faite devant les juges doit avoir plus de valeur que tous les protocoles », mais non pas assurément quand le tribunal est juge et partie, quand la raison d'État autorise à s'écarter de la vérité, quand il serait dangereux vis-à-vis de l'opinion publique et fort humiliant, d'avouer un accroc fait au droit des gens ; dans de pareilles circonstances on a vu bien des fois des jugements, civils et militaires, qui furent de pures comédies, et je crains fort — pour le dire tout de suite — que celui de Villingen n'ait été que cela[3].

L'affaire de Rastatt a fait, comme on pouvait s'y attendre, du bruit dans le monde, beaucoup de bruit, et voici ce qu'écrit l'archiduc Charles à l'empereur, en date du 18 mai 1799, sur cet « incident désagréable et *inattendu* ». « La chose ayant eu lieu, dit-il, je n'ai plus

---

1. Si les hussards sont si profondément innocents de tout acte mauvais, pourquoi donc voulaient-ils conduire « les voitures et les infortunés qui s'y trouvaient » *autour de la ville*, au lieu de les y laisser entrer, s'ils n'avaient d'autre mission que de leur enlever leurs papiers ? — « Ces carrosses sont notre butin », répondirent-ils au major de Harrant ; ce n'est pas un domestique qui l'affirme cette fois, ni un Français, c'est un officier allemand ; pourquoi l'auteur ne l'en croirait-il pas ? M. C. trouve incompréhensible que les hussards, s'ils avaient été les assassins, eussent voulu garder ces voitures, « leur besogne faite » ; mais que de fois nous répète-t-il qu'ils devaient s'emparer des papiers qui s'y trouvaient ! Ils ne devaient même faire que cela (p. 173).

2. Je ne me fais pas illusion sur le degré d'affliction éprouvé par Barbaczy, et je ne crois pas du tout, je l'avoue, que « le vieux soldat » était « *torturé* par la pensée que la mort ou la blessure d'un ministre constituait une violation flagrante du droit des gens » (p. 176) ; mais il fut certainement mal à l'aise au moment d'accomplir sa mission si « extrêmement simple en elle-même ». La façon dont M. C. explique la fameuse apostrophe du colonel, le soir du 28 avril : « Barbaczy, que dira le monde de ta vieille tête ? » ne satisfera personne.

3. Quant à affirmer si catégoriquement « qu'un assassinat par malentendu est chose absolument impossible » (p. 166), c'est une question que nous n'avons pas à discuter ici, puisque, pour nous, il n'y eut pas « malentendu ». Cependant qui ne sait — il faudrait ne pas lire les faits divers de nos journaux — que des attentats par malentendu, confusion de personne, etc., sont encore assez fréquents pour qu'on ait tort de les nier en bloc ?

d'autre ressource que *de chercher les voies et moyens de l'expliquer au public de telle façon que des personnes occupant un rang distingué soit à la cour, soit à l'armée, ne puissent être soupçonnées d'y avoir pris une part quelconque* .. Je me vois obligé de te demander une grâce toute particulière en faveur du général Schmidt. Celui-ci, *entraîné par la haine qu'il éprouve contre les Français*, écrivant au lieutenant-colonel Meyer [1],... Meyer a donné au contenu de cette lettre, d'un caractère absolument privé, *une signification particulière*, et de cette façon l'affaire s'est envenimée ; chacun des subalternes y ajoutant un peu du sien, il en est résulté fatalement ce malheureux événement. » On ne trouve d'ailleurs, dans la correspondance *interne* du généralissime aucune indignation, aucun regret bien profond de « cette malheureuse étourderie » (p. 181) [2], ni surtout, — et, pour une fois nous sommes d'accord avec l'auteur — la conviction de l'innocence de ses hussards (p. 183). Mais M. Ch. n'accorde pas, bien entendu, que cette impression soit justifiée, même comme erreur fugitive, et par de longues déductions il cherche à prouver que tous ces personnages de l'état-major et du commandement supérieur étaient absolument incapables de donner l'ordre de « houspiller et cogner » les ministres ; c'étaient des hommes à manières trop distinguées, et le général Schmidt, « un homme, calme, froid, maître de lui, universellement estimé, dont l'honnêteté et la droiture est connue de tous »! Il faut pourtant bien qu'il ait écrit quelque chose de bien fort dans sa lettre puisque l'archiduc juge nécessaire de solliciter sa grâce auprès de l'empereur François [3]. Quant à nous convaincre que « le rude mais loyal Barbaczy »

---

1. Il s'agit de la lettre fameuse adressée par le chef d'état-major général de l'archiduc, le général-major Henri de Schmidt, au lieutenant-colonel Meyer de Heldensfeldt, chef d'état-major de Kospoth, vers le 14 avril 1799, et dans laquelle il n'aurait été question que de *houspiller* un peu les ministres français. On a retrouvé, dans les archives secrètes, d'autres lettres de Schmidt et de Meyer ; quant à celle-ci, si particulièrement importante, elle a disparu des dossiers, si jamais on a jugé à propos de l'y déposer.

2. On voit aussi par la lettre de l'archiduc Charles à Merveldt (11 mai 1799) qu'il ne dédaigne pas de « cuisiner » lui-même le vol des dépêches des envoyés français en ordonnant que l'officier qui restituera les papiers enlevés « devra bien se garder de laisser entendre que tout cela vient de mon quartier général ». — Les pièces y ont donc été lues et copiées ou extraites, ce qui rend au moins inutile la grave discussion de savoir *si* le colonel Barbaczy a exécuté l'ordre à lui donné, de s'emparer des papiers de l'ambassade. Bien entendu, je ne fais aucunement un reproche à l'archiduc de son absence de sentiment ni de scrupules ; je me borne à constater un fait.

3. Quant à l'argument en général, il est bien inutile d'y répondre. Que de fois, hélas! depuis les guerres de Rome jusqu'à celles de nos jours, des généraux « aux manières distinguées » n'ont-ils pas commis des atrocités qu'ils croyaient excusa-

et le capitaine Burckhardt, « un peu lourd, mais foncièrement honnête » n'auraient jamais « consenti à se prêter à l'exécution d'un pareil ordre, rosser des ministres », M. C. lui-même n'a pu sérieusement espérer y parvenir ; « l'énormité de la violation du droit des gens », voilà ce qui était bien indifférent à ces Szeckler « naturellement rudes et brutaux, quelque peu sauvages même » ! — Combien plus simple n'est pas, au premier moment, le langage des principaux intéressés ? Ils ne nous donnent pas de longues démonstrations psychologiques, ils n'invoquent pas « la rigidité inflexible de la logique » ; Burckhardt, le 29 avril, de très grand matin (1 h. à 1 h. 1/2), alors que rien n'est encore combiné, arrangé, truqué, déclare : « ces deux sous-officiers... entendant les gens qui occupaient les voitures parler français... crurent que ces personnes appartenaient à l'armée [1]. MM. Bonnier et Roberjot ont été tués. Jean Debry, lui aussi, a été sabré ». Il ajoute qu'il a envoyé un officier « chargé de *réprimer l'ardeur exagérée* des patrouilles ». Le dernier mot, d'un euphémisme si heureux, ne semble guère trahir une indignation profonde chez le rédacteur de ce rapport, que le colonel Barbaczy envoie, à deux heures du matin, au majorgénéral Gœrger, avec la note suivante : « Afin de ne pas causer trop de malentendus, et de ne pas provoquer trop de bruit, *j'ai dû lui donner l'ordre de mettre le tout sur le compte de l'obscurité de la nuit* ». L'indignation contre le guet-apens n'est guère — on le voit — plus bruyante chez le « loyal » colonel que chez « l'honnête » Burckhardt, et M. C. a bien raison quand il dit (p. 197), que cette « excuse est pour le moins aussi maladroite que l'essai de justification de Burckhardt » ; seulement, il aura plus de peine à convaincre le lecteur que « rien ne prouve mieux la sincérité de la consternation de Barbaczy, et de Burckhardt que les excuses idiotes, stupides, qu'ils donnent par écrit. » — D'abord, il n'y a dans leurs lettres aucune trace d'une « consternation » sérieuse, quoi qu'en pense l'auteur, puis, si leurs explications sont « idiotes » (ce à quoi nous ne contredisons pas), c'est qu'on ne leur en avait pas encore suggéré de meilleures, et que dans leur propre fonds ils n'en trouvaient point d'autre. Mais Barbaczy a été plus naïvement explicite encore dans son second rapport à ses chefs, toujours en date du 29 avril : « *La chose est consommée et, comme il fallait s'y attendre*, j'ai reçu... les plaintes de toutes les légations. J'ai cru nécessaire de leur faire la réponse que j'annexe... *afin de jeter provisoirement les bases de notre défense. Je rejette* ainsi l'ori-

---

bles ou mêmes nécessaires ? Je n'en citerai pas d'exemples, mais on en trouve dans l'histoire de toutes les armées modernes et M. C. les connaît aussi bien que moi.

1. (*Sic*). Aux portes de Rastatt, en carrosse, bien éclairés par des torches !

gine de la catastrophe... sur le fait qu'ils ont voulu partir de nuit et *j'attribue toute l'affaire aux excès des soldats aveuglés par l'avidité du pillage.*» Et il ajoute avec une froide ironie : « J'exprime du reste l'horreur que me cause leur crime ». Dans le postscriptum, il appuie sur ce qu'il vient de dire : *A fin de donner à ce malentendu* TOUTES LES APPARENCES NÉCESSAIRES DE VRAISEMBLANCE ET DE PROBABILITÉ, j'ai dû consentir à accorder une escorte aux Français, *voulant bien marquer de la sorte* qu'il n'y avait pas de préméditation de notre part (p. 201-202).

Nous ne nous arrêterons pas au chapitre suivant qui raconte le départ de l'ambassade française — ou de ce qui en restait — dans la journée du 29 avril, puisqu'il ne se rattache pas intimement à la question que nous discutons ici. Mais force nous est bien de répéter, qu'ici encore, l'auteur déploie une singulière animosité contre Debry et Boccardi, les tournant en ridicule quand il le peut, pour ruiner l'autorité morale de leur témoignage. Il en agit de même vis-à-vis des autorités badoises dont le témoignage est gênant, le major Harrant[1], le capitaine Bothmer, le ministre baron d'Edelsheim, le secrétaire de la légation prussienne, Jordan, etc. C'est que tous ces personnages ont constaté, ce jour-là, la férocité des Szeklers, qui auraient aimé continuer les prouesses de la veille. De plus, les autorités et la population badoises ont eu le double tort de croire à la fois à la culpabilité des hussards et de n'avoir pas « pris une attitude plus ferme » à leur égard, puisqu'elles les croyaient coupables. M. C. n'a pas l'air de se douter que le pauvre margrave Charles-Frédéric n'était pas assez puissant pour se mettre en état de guerre avec l'Autriche dont les troupes campaient tout à l'entour et dominaient déjà dans la cité ; il a déjà fait suffisamment, rien qu'en *commençant* une enquête, pour s'attirer l'inimitié des représentants de l'empereur (p. 218). Barbaczy et Burckhardt interdirent aux gens de Rastatt de s'exprimer « en termes peu gracieux » sur leurs soldats (p. 219)[2].

Revenons à l'archiduc Charles et à son état major ; le 30 avril, le feldmaréchal-lieutenant Kospoth lui adresse les rapports de Barbaczy ; le 1er mai, Charles ordonne qu'il soit fait une instruction de l'affaire par une commission spéciale, mais le mandat de cette commission est singulièrement circonscrit. Elle devra, *avant tout*, cher-

---

1. Pauvre major ! M. C. lui reproche même des fautes d'omission bien singulières ; « si Harrant avait voulu, il aurait pu s'employer à atténuer les suites de l'attentat ». — En ressuscitant les morts ?

2. M. C. raconte cela lui-même, p. 219. Conçoit-on qu'à la page 436, il ait pu écrire ceci : « Impossible de croire que les autorités badoises aient pu voir dans le capitaine Burckhardt un grand chef militaire, ayant le droit de s'immiscer dans leurs affaires. » Le *droit*, non, le *pouvoir* certes, *puisqu'il l'a fait !*

cher à faire ressortir tout ce qui serait de nature à permettre d'attribuer le fait à des négligences, à un concours de circonstances fortuites, qui auraient *provoqué une lutte, une mêlée*, ou bien encore à des imprudences commises par les ministres français » (p. 225). Après cela, l'archiduc pouvait se payer le luxe d'ajouter qu'on devait en outre apporter à cette enquête « une extrême prudence, la plus rigoureuse exactitude, une complète impartialité et la plus grande activité » ; ses subordonnés savaient ce qu'il attendait d'eux et où il fallait chercher ou plutôt *ne pas chercher* la « main mystérieuse qui a dirigé toute l'affaire du crime [1] ». C'est ce qu'ils montrèrent bien dans la procédure, relatée dans le *protocole de Villingen*, et qui les occupa du 7 au 30 mai 1799.

Dès le premier jour, le colonel Barbaczy, revenu à une plus saine appréciation des faits, parle devant les commissaires de la *légende* qui attribue l'attentat à ses hussards ; le crime est pour lui maintenant le résultat « d'une conspiration ourdie par les émigrés ; il en appelle même à son rapport du 1er mai, qui aurait renfermé déjà la même assurance [2]. Au pis aller, ce sont peut-être d'autres hussards, ceux des régiments émigrés de Bercsenyi et Saxe, fondus dans le 13e dragons, qui ont fait le coup, et leurs uniformes « ressemblaient tellement aux nôtres, que j'avais plus d'une fois pris leurs hommes pour des hussards de mon régiment » [3] (p. 247).

---

1. Lettre de l'archiduc Charles au comte Lehrbach, 5 mai 1799. — Il est bien entendu que je n'entends en aucune façon accuser le généralissime autrichien d'avoir *ordonné* le massacre de Rastatt ; je l'en croirais l'auteur responsable — ce qui n'est pas — que je devrais encore avouer qu'aucun document ne permet d'établir une accusation pareille. Mais autre chose est d'avoir ordonné un acte ou de *connaître la vérité* en ce qui le concerne. — Où M. C. nous semble dépasser vraiment la permission qu'a tout avocat dévoué d'ignorer les pièces de son propre dossier, quand elles le gênent, c'est quand il assure (p. 238) dans les explications de ce chapitre, que le général Schmidt, celui qui avait eu l'idée de prendre les papiers de l'ambassade, qui *avait vu arriver les paquets de dépêches au quartier-général*, qui les avait certainement maniées, qui, peut-être, avait été chargé de les remettre à l'officier envoyé aux avants-postes français, « *ne se doutait pas même de la prise en considération de cette idée*, simplement jetée *dans une lettre particulière* ». Inutile d'examiner, dans le cas présent, si dans une lettre, même particulière, adressée par un officier général à son inférieur, il n'y a pas toujours un *ordre de service !*

2. « Il a été impossible de retrouver ce rapport », dit M. Christe ; cela prouve avec quel soin le dossier fut « écrémé » jadis ; on peut même se demander s'il a jamais existé. En tout cas, on est en droit de dire qu'il ne cadrait pas suffisamment avec la « fable convenue » de Villingen, sans quoi il serait certainement encore aux Archives de Vienne.

3. Nous ne nous sentons pas assez compétents sur le terrain du costume militaire pour exprimer quelque étonnement au sujet de ces dragons exactement cos-

Mais même dans ces dépositions des officiers, sous-officiers et soldats impliqués dans l'affaire de Rastatt, recueillies en partie trois ou quatre semaines après l'attentat, un examen plus attentif surprend des contradictions formelles avec les faits affirmés d'autre part et fournit la preuve du « truquage » de ces dépositions. Ainsi, pour bien démontrer que les ambassadeurs attaqués et leur suite n'ont pu reconnaître les assaillants pour des hussards, l'auteur insiste à mainte reprise sur le fait qu'ils n'avaient avec eux qu'un *seul* porteur de flambeau ou de torche; du rapport du sous-officier Konczak il appert qu'il y avait *plusieurs* flambeaux, et pas seulement *un seul* (p. 259). Le témoin Költö déclare qu'on avait éteint *les lumières* (p. 285) : « On voyait *quelques lumières* et des hommes s'agiter autour de *plusieurs voitures*. » Les témoins Molnar et Nagy déposent qu'on voyait « *deux lumières* » et des individus, les uns à cheval, les autres à pied, se démener autour de *plusieurs voitures* ». L'affirmation qu'un petit groupe d'hommes, dont *un seul* à cheval, aurait *successivement* attaqué les voitures, est donc également « légendaire ». — On nous a dit que de ces pauvres hussards injustement accusés, aucun ne savait un traître mot de français, et voici que le sous-officier Konczak raconte ingénument qu'une femme dans une des voitures a dit : « Mon Dieu ! » — Pour ce qui est de la véracité des officiers appelés devant les enquêteurs on en peut juger par le fait que le lieutenant Draveczky nie, à l'encontre de l'évidence, et itérativement, que le conseiller de légation Jordan ait accompagné Debry à Rheinau ; s'il mentait sur ce point, pourquoi n'aurait-il pas menti sur autre chose ? M. C. peut bien dire que c'est là « un fait dénué de toute importance » (p. 315) ; peut-être, mais ce qui n'est pas « sans importance » c'est qu'on ait essayé de le nier ! Que penser de la déposition du lieutenant de Szentes, qui a été sur les lieux, à l'endroit de l'assassinat, à *minuit*, au *plus tard* (déposition du soldat Sigmund, p. 329) et qui nie catégoriquement qu'il y ait eu là chevaux, voitures, ni autres personnes, vivantes ou mortes, alors que le brigadier Nagy déclare que les hussards ne sont rentrés en ville qu'à *deux heures*, et que l'un d'eux, le témoin Zoltan, *qui marchait derrière Szentes*, dépose avoir vu deux cadavres sur la route (p. 336). Cette fois, la commission elle-même ne put s'empêcher de déclarer les dires du lieutenant peu vraisemblables.

---

tumés comme des hussards; nous ferons observer seulement que l'hypothèse, émise en seconde ligne par le colonel Barbaczy, laisserait entièrement subsister le *statu quo;* hussards Bercsenyi ou hussards Szecklers, c'est tout un, puisqu'ils étaient également à la solde de l'Autriche et que celle-ci en était également responsable.

Les témoins entendus, la Commission procède à la partie la plus délicate de sa tâche, à la rédaction des conclusions qui, pour elle, se dégagent de l'enquête. Elle écarte d'abord les plaignants français ; les déclarations des personnes molestées (admirons en passant l'euphémisme) sont tout au plus des *plaintes*, non des *preuves*; les allégations de personnes notoirement connues comme hostiles à l'Autriche (les diplomates étrangers) perdent, pour ce motif seul, une grande partie de leur valeur. D'ailleurs, comment les occupants des voitures assaillies auraient-ils pu savoir que les agresseurs sont des hussards ? Il faisait bien trop sombre ! [1]. « Encore plus impossible de constater » que c'étaient précisément des hussards Szeckler, et non pas des gens déguisés, « en admettant même que les meurtriers aient porté l'uniforme des hussards de Szeckler » (p. 341). La présence même des hussards autour des voitures prouve leur innocence; s'ils avaient commis le meurtre, ils se seraient enfuis [. Les deux sous-officiers « *n'avaient pas l'intelligence voulue pour perpétrer ce crime* (!) *et n'avaient de plus aucun intérêt à le faire* (!) [. Les hussards se sont portés sur le lieu du massacre « en entendant des cris poussés en français » [, mais ils sont arrivés trop tard. « Le crime pourrait bien avoir été commis grâce au concours des domestiques de ces ministres ». Un de ceux de Bonnier était un émigré ayant servi dans l'armée de Condé. Cependant la Commission ne juge pas à propos de suivre cette piste et d'examiner de plus près cette hypothèse qui, démontrée, aurait pourtant déchargé à jamais des officiers autrichiens d'une accusation pénible à leur honneur; elle conclut assez brusquement : « Il n'y a donc qu'une chose certaine, c'est que les ministres Bonnier et

---

1. On ne saurait croire combien de fois cet argument est employé dans notre volume, pour disparaître de nouveau momentanément quand on peut le rétorquer contre l'auteur. Si les hussards avaient voulu tuer Debry, ils l'auraient bien trouvé (p. 179); donc, puisque Debry est nécessairement un menteur, il ne faisait *pas sombre* cette nuit; il faudrait pourtant accorder *le même degré* d'obscurité aux amis et aux ennemis et confesser que puisqu'il faisait trop sombre pour que les Français pussent reconnaître les assaillants, il faisait aussi suffisamment sombre pour que les hussards ne pussent reconnaître un fugitif au milieu des bois.
2. Pourquoi ? Qui aurait pu leur faire quelque chose ? Les « vaillants domestiques », les diplomates effarés, les quelques Badois de Harrant ? Pourquoi surtout se sauver quand on accomplit l'ordre d'un supérieur ?
3. Ils avaient *l'intérêt* de pouvoir piller les voitures et d'ailleurs on ne leur donnait ni ne devait aucune explication du motif de l'acte ; on l'ordonnait ; quant à « l'intelligence voulue » pour donner un coup de sabre, on nous permettra de ne pas l'analyser longuement.
4. Ils le comprennent donc maintenant !
5. On voit que le protocole de Villingen, moins dur que M. Christe, veut bien reconnaître officiellement que Debry a été blessé et qu'il n'a pas absolument tout inventé.

et Roberjot ont été assassinés et que Jean Debry a été blessé [1]. Mais on ignore qui a commis le crime » (p. 349) [1].

M. C. après nous avoir ainsi fourni l'analyse des procès-verbaux de l'enquête de Villingen, et avoir déclaré — ce dont nous étions persuadés d'avance — que, s'il y avait trouvé la preuve de la culpabilité des hussards, il ne l'aurait pas cachée, refuse également d'attribuer « la paternité intellectuelle de l'attentat » à Jean Debry, mais avec une hésitation visible, car, pour lui, « il est loin d'être à l'abri de tout soupçon » (p. 364), et il a soin de rappeler les dénonciations fébriles de la pauvre Mme Bonnier contre le collègue de son époux [2]; en même temps il couvre l'ex-plénipotentiaire à Rastatt de sarcasmes, mérités en bonne partie pour l'exploitation théâtrale des dangers qu'il avait courus [3], exploitation souverainement déplacée, soit qu'il s'y soit porté spontanément, soit que le Directoire la lui ait imposée dans le but d'impressionner davantage l'opinion publique [4].

---

1. On pourrait reprocher à M. C. de ne pas toujours utiliser ou suivre les textes qu'il nous donne. Ainsi, pour prouver que les hussards ne pouvaient pas être portés à verser le sang, il nous affirme, p. 422, qu'ils étaient « avancés en âge ». On n'a pourtant qu'à ouvrir les procès-verbaux de Villingen, pour constater que le hussard Zoltan a 24 ans, Janos 24, Sigmund, 25, le lieutenant Fontana, 27, le brigadier Nagy, 22, Poncz, 27, Molnar, 24, Koeltó, 23, Bardocz, 22 ans ; ce ne sont pas là des vieillards !

2. L'auteur revient jusqu'au bout à cette culpabilité de Debry qu'il aurait mieux fait, puisqu'elle le hante, d'examiner de très près ; il dit, p. 420 : « Il a peut-être trouvé plus de défenseurs qu'il ne méritait, mais faute de preuves suffisantes, on ne saurait l'accuser formellement d'avoir trempé dans l'assassinat de ses collègues » ; il avait écrit à la page précédente : « Avec ou sans la complicité de Debry, les domestiques des victimes ont pu nouer des relations avec les hussards émigrés des régiments de Bercsenyi. »

3. Cependant, même là, il ne faudrait pas exagérer. Debry parla à ses collègues de ses « vingt-quatre blessures » ; c'était déjà beaucoup trop ; mais il n'a jamais parlé des « quarante-six blessures » que lui prête, d'après une correspondance, la p. 372. — Le manque d'intrépidité de Jean Debry est certes incontestable. Nous savons par M. Léonce Pingaud (*Revue de Paris* du 1er novembre 1898), qu'en avril 1814, étant préfet du Doubs, il fit brûler par son secrétaire, comme des reliques compromettantes, au moment de l'arrivée des Autrichiens devant Besançon, les habits portés le jour de l'attentat et soigneusement conservés jusque là ; mais combien de diplomates n'auraient pas été plus courageux que lui !

4. L'opinion publique en France était très hostile à la reprise de la lutte au dehors ; le Directoire voulait la galvaniser par des procédés assez ridicules. L'opinion publique n'était pas moins montée en Allemagne. J'ai constaté que l'on ne trouvait pas dans la Correspondance de Schiller et de Gœthe (4e éd.) la phrase citée (p. 380) à propos de l'assassinat de Rastatt : « A la bonne heure, on doit assommer ces chiens ! » Je me permets seulement de conclure — pour le cas où l'authenticité de cette « parole ailée » d'un grand poète serait établie — qu'un souhait pareil et l'approbation de l'attentat qui en ressort, ne permettraient guère de croire aux scrupules délicats de Barbaczy et de Burckardt.

Le 24 mai, pendant que la commission de Villingen siégeait encore, Thugut avait écrit à Cobentzl : « Nous attendons bien tranquillement la fin de l'instruction, et nous sommes bien décidés... de mettre la chose, telle qu'elle est, sous les yeux du monde entier » (p. 374). Le monde attendit et ne vit rien venir ; pourquoi ? C'est ce que nous apprendra la lettre de l'archiduc Charles à l'empereur, du 2 septembre 1799. A cette date, il avait *depuis trois mois* entre les mains les procès-verbaux d'enquête et il savait aussi ce qu'ils pouvaient valoir aux yeux de la justice et de l'histoire. Et voici ce qu'il disait à François II : « Il n'y a que deux façons d'en finir avec cette affaire : 1° *présenter au public les faits tels qu'ils se sont réellement passés* ; 2° OU BIEN *s'efforcer de démontrer que ce ne sont pas les hussards de Szekler, mais des étrangers qui ont commis le crime. Mais si l'on adopte le premier moyen, il convient de considérer que l'on sera obligé de lui donner la sanction qu'il comporte.* ON NE SAURAIT EN EFFET PUNIR LES HUSSARDS QUI N'ONT FAIT QU'EXÉCUTER LES ORDRES REÇUS...... Plus je réfléchis sur l'affaire, plus je suis intimement convaincu *qu'il convient plus que jamais de lui donner la tournure et l'aspect le plus favorable et de montrer* QUE NOS SOLDATS NE SONT PAS LES AUTEURS DU CRIME.... Il faut toutefois reconnaître que l'on n'y parviendra pas sans difficulté. Mais il est hors de doute que, pour y arriver, il importe, *sans parler des efforts d'intelligence* qu'il y aura *lieu de faire, d'exiger de tous ceux qui savent quelque chose de l'affaire, qu'ils continuent à garder le silence qu'ils ont observé jusqu'ici* » (p. 383-384).

Cette lettre est nette et précise ; ce n'est pas un sentimental qui tient la plume, mais un homme d'État qui sait ce qu'il veut, qui ne perd pas son temps à d'inutiles regrets, mais qui voit qu'il est temps de conclure et d'enterrer à jamais une affaire fâcheuse pour la réputation des armes de l'Autriche. Son conseil a été suivi ; on a « continué à garder le silence » ; c'est quelquefois une réponse pour qui sait le comprendre. D'autres ont depuis préféré « les efforts d'intelligence qu'il y aurait lieu de faire » ; je ne sais pas s'ils ont quelque motif de se féliciter d'avoir changé de tactique ; pour en douter sérieusement, on n'aurait qu'à lire les curieux efforts d'interprétation de cette lettre de l'archiduc, « manifestement défavorable aux hussards », si claire et si limpide, dans le présent volume (p. 387-394). L'auteur est réduit à supposer que Charles n'avait sur toute l'affaire que « des données incomplètes » (en septembre !), qu'il n'était au courant de rien, que c'est seulement à ce moment qu'il a eu connaissance de la lettre de Schmidt (qu'il mentionne à l'empereur dès le mois de mai), etc. Il affirme que du moment qu'on veut « prendre strictement à la lettre » la dépêche de l'archiduc et « y croire aveuglément », il faut « aller encore bien plus loin et dire que l'action de la justice a pris par ordre la tournure qu'on sait ». Il faut, dans ce cas, « qu'on ait ordonné aux hussards de faire devant la commission des dépositions préparées avec de remarquables raffinements d'habileté, etc. » On a déjà pu voir par ce qui précède, que c'est tout à fait notre manière de voir, sauf que nous ignorons si les dépositions ont été *préparées d'avance* ou si elles ont été *arrangées après coup* par les officiers enquêteurs; nous avons aussi montré que les « raffinements d'habileté » n'auraient pas été si considérables, puisqu'il restait pas mal d'obscurités et de petites contradictions, voire même des mensonges flagrants, au protocole de Villingen. Quant à l'accès d'indignation contre le critique assez osé pour supposer qu'une « commission composée d'un général, cinq officiers, un auditeur et deux maréchaux des logis chefs » ait « consenti à contrevenir à l'ordre de l'archiduc », nous le regardons comme absolument superflu, vu que cet ordre leur prescrivait « *avant tout*, de chercher à faire ressortir tout ce qui serait de nature *à permettre d'attribuer le fait à des négligences, à un concours de circonstances fortuites*, etc. » Les membres de la Commission d'enquête, désireux de bien faire et de calmer les scrupules de leur généralissime, ont voulu lui faciliter encore la chose en *niant* tout simplement les faits qu'on les avait chargés *d'excuser*; il resterait à démontrer — et on ne l'essaiera pas pour cause, — qu'en agissant de la sorte, ils aient véritablement offensé l'archiduc, puisqu'ils lui épargnaient l'ennui de « faire pendre les hussards et fusiller les officiers ». — « Il se garda bien de le faire, parce qu'il lui répugnait de commettre une injustice » dit M. Christe; nous sommes parfaitement d'accord avec lui sur ce point, puisqu'ils n'ont agi, d'après nous [1], que par ordre supérieur; mais nous doutons de l'affirmation suivante, qu'il peut « d'autant moins sévir contre eux, qu'il n'est pas convaincu de leur culpabilité ». Pour nous, au contraire, l'archiduc, au moment où il écrit sa dernière lettre à l'empereur François, est parfaitement au courant de la situation. En dehors de sa volonté propre, l'idée vaguement ou clairement exprimée, de s'emparer des papiers de la légation française, de « cogner » un peu par la même occasion sur ces démagogues très désagréables et cassants, est née dans le quartier-général autrichien. Elle a fait son chemin de Schmidt à Meyer, en passant peut-être par Kospoth et

---

[1]. Quant à dire, comme le fait M. C. (p. 423) : « Le fait qu'on n'a pu arracher le moindre aveu à aucun des hussards, le fait qu'on les a renvoyés chez eux sans les punir, suffit pour établir leur pleine et entière innocence », c'est un argument sans aucune valeur scientifique; c'est bon pour le jury, pas pour le critique. Il faudrait *d'abord* prouver qu'on *voulait* leur « arracher le moindre aveu », puis démontrer la valeur des témoignages de ces témoins triés, choisis, innocents en effet peut-être, tandis que les coupables avaient été mis de côté ou s'étaient enfuis.

Merveldt ; il nous semble en tout cas que la *suggestion* se soit déjà transformée en un *quasi ordre*, quand elle arrive à Barbaczy ; le colonel la transmet assurément comme un *ordre absolu* à ses subordonnés et ces Szeklers, « un peu sauvages » trouvent tout à fait naturel, puisqu'on fait la guerre, de « cogner » sur l'ennemi, et chargés d'une besogne, ils s'efforcent de l'exécuter en conscience. Nous ne prétendons nullement que les témoins appelés à déposer à Villingen aient été précisément les assassins ; il y avait bien des moyens de faire disparaître ceux-ci avant l'enquête et de ne faire comparaître que des gens innocents tout au moins du meurtre. Mais nous disons que les pièces de ce dossier ne nous inspirent aucune confiance et nous sommes en droit de le dire, puisqu'on n'osa pas, pendant près d'un siècle, le livrer à la publicité ; nous constatons qu'un silence absolu se fit sur les événements de la nuit du 28 avril 1799, que Barbaczy et Burckhardt, renvoyés jusque dans les Confins militaires (c'était alors le bout du monde civilisé) y furent mis à la retraite, un peu plus tard, sans que leurs brevets de pension fussent livrés à la publicité du journal officiel, et avec un dernier avancement qui n'était pas, je le veux bien, « une récompense pour un crime auquel il était impossible de les contraindre », mais qui ne saurait prouver non plus qu'ils ne l'ont pas commis. Il n'est pas licite, en l'état, d'affirmer *catégoriquement* que l'un des chefs *supérieurs* de l'armée autrichienne ait donné l'ordre *d'assassiner* les ministres français à Rastatt ; aucun document ne vient à l'appui d'une affirmation pareille et je ne pense pas qu'on le trouve jamais, non pas cependant « parce que ces documents n'existent pas » (p. 426), mais parce que ces documents n'existent *plus*. M. C. nous a loyalement fourni toutes les pièces qu'il a retrouvées dans les dossiers secrets de Vienne ; mais nous savons aussi maintenant, grâce à lui, quelles lacunes ils présentent et combien de pièces ont disparu, qui seraient indispensables pour résoudre cette « indéchiffrable et douloureuse énigme ». Précisément parce que nous éprouvions un sentiment pénible d'assister à l'effort latent, mais soutenu, qu'il fait pour rejeter sur un Français, sur un collègue des victimes, le soupçon de l'attentat, nous avons mieux compris le désir si naturel qui devait animer M. Christe et l'entraîner à démontrer l'innocence des militaires autrichiens inculpés par l'opinion traditionnelle. Nous l'avons donc suivi avec intérêt dans son long et éloquent plaidoyer, et nous nous plaisons à reconnaître qu'il a fait un habile usage de son dossier. Mais l'archiduc Charles avait étudié, lui aussi, le dossier — dossier plus complet de beaucoup que celui que nous possédons aujourd'hui — quand il écrivit la lettre du 2 septembre 1799, qui constitue pour tous ceux qui savent lire un document historique, la présomption la plus frappante de la culpabilité des hussards autrichiens (Szecklers ou Berczenyis) et de leurs chefs tout au moins immédiats[1].

---

[1]. Je sais bien que l'archiduc Charles écrivait, vingt ans plus tard, en 1819 : « On ignore jusqu'à ce jour quels ont été les auteurs de ce crime. Il appartient à la postérité de découvrir et de dévoiler ce secret. » Mais c'est l'homme d'État qui consigne cette phrase dans ses mémoires pour cacher le secret d'État et si l'illustre tacticien léguait si généreusement le soin de résoudre le grand problème à la postérité, c'est qu'il savait déjà sans doute que les cartons des Archives impériales avaient été soigneusement épluchés par des mains discrètes.

Le Puy, imprimerie R. Marchessou, boulevard Carnot, 23.

www.ingramcontent.com/pod-product-compliance
Lightning Source LLC
Chambersburg PA
CBHW060920050426
42453CB00010B/1835